CW00346080

Marketing para redes sociales:

Cómo construir tu marca personal para convertirte en influencer mientras te apalancas de Facebook, Youtube e Instagram

Volumen 2

Por

Income Mastery

o mal uso de la información en cuestión por parte del lector hará que las acciones resultantes sean únicamente de su competencia. No hay escenarios en los que el editor o el autor de este libro puedan ser considerados responsables de cualquier dificultad o daño que pueda ocurrirles después de realizar la información aquí expuesta.

Además, la información en las siguientes páginas está destinada únicamente a fines informativos y, por lo tanto, debe considerarse como universal. Como corresponde a su naturaleza, se presenta sin garantía con respecto a su validez prolongada o calidad provisional. Las marcas comerciales que se mencionan se realizan sin consentimiento por escrito y de ninguna manera pueden considerarse como auspicios de la misma.

Tabla Contenidos

INTRODUCCIÓN

¿Sabías que las redes sociales se han convertido en el principal medio de marketing en el mundo? ¿No quisieras manejar tu marca personal directamente y sin tanta complicación como lo harías en un canal tradicional de televisión o publicidad pagada?

El marketing siempre ha sido una herramienta fundamental cuando hablamos de negocios. Desde hace algunos años dichos estudios se han profundizado aún más, teniendo claro los patrones que lo conforman y rigen sobre el marketing con la finalidad de mejorar esta herramienta. En la era más actual nos encontramos con el marketing digital y en redes sociales, el cual nos ayuda a promover algún producto o servicio el cual queramos dirigir hacia un público determinado. Con esta herramienta podemos tener una mejor exposición sobre nuestra venta entre empresas, y nuestros productos serán lanzados a una gran cantidad de personas que son compradores potenciales que pueden generar mayores ingresos de manera escalonada, esto dejaría una mayor rentabilidad, lo que es el fin de toda empresa o marca con fines de lucro. El marketing en redes sociales tiene la gran ventaja que la exhibición de todo lo que queremos vender al público se da forma gratuita, esto se entiende ya que las redes sociales tienen costo cero a la hora de ser utilizadas. Toda empresa tiene como finalidad tener una utilidad alta y esto hace que el ahorro de la publicidad en medios como la televisión, radio o paneles sea muy alto, pues sus costos contemplan pago de personal, estructura, mantenimiento de equipos, entre otros, lo que encarece los costos.

Los influensers no son solo personas que tienen un canal en redes sociales como YouTube, Facebook o Twitter, pues ser influencer va mucho más allá de esta simple terminología. Para ser influenser o influenciador, debes tener ideas creativas, y especialmente un canal en diferentes plataformas y que tengan una mejor llegada al público en general. Asimismo, debe tener temas y contenidos totalmente originales, y ediciones de videos y publicaciones en general que sea interactiva y de interés para tu audiencia. Ningún detalle es de menor importancia. Por ejemplo, si comenzamos con los contenidos, ¿a qué publicó vamos a llegar? si es un canal de cocina o un canal de viaje y aventuras, no podemos exponer el mismo tema o prototipo.

También es importante conocer la edad y los gustos del público hacia el que nos vamos a dirigir, por ejemplo, si vamos a dirigirnos hacia una audiencia mayor de 30 años, debemos tener contenidos y ediciones mucho más serios, colocar colores tenues, menos escandalosos, mientras que si nos dedicamos a generar contenido para un público joven, por ejemplo, en la edad de 15 a 25 años, tenemos que ser muy interactivos, usar colores brillantes, lenguaje rápido y videos editados con imágenes cambiantes que generan un impacto visual. Hacer estudios previos es muy importante. Por ejemplo, podemos usar encuestas a través de la web para poder conocer las edades y los gustos de nuestro público, de modo que podamos saber los gustos de nuestro público, así podemos estar mucho más cercanos y saber qué producir, cómo producir y cuándo hacerlo.

Después de dejar en claro qué temas vas a tocar y a qué audiencia te vas a dirigir, es importante tener un nombre o un nick con el que nuestro público nos va a identificar, ese nick debe ser llamativo, fácil de pronunciar, totalmente único y debe atraer la atención ya que esto nos identificará ante el público para siempre. Con este nombre vamos a ser llamados, nuestro nombre real caerá de un lado y será con este nick como todas las personas que nos visitan nos conozcan y nos identifiquen.

Es importante saber cómo elegir, en qué plataforma de redes sociales vamos a colocar nuestro contenido, entre las más utilizados tenemos YouTube, Facebook, Instagram y Twitter, cada una cumple su función de manera distinta y ofrece herramientas innovadoras que ayudan en el desarrollo que tiene el influecer. De esto se puede encontrar que todas tienen diferentes funciones, por ejemplo, YouTube tiene como característica ser una página web que muestra solo videos y los agrupa a través de las páginas o canales creados por usuarios, a estas cuentas donde se permite subir videos se les llama canales, tienen ciertas leyes de regulación bajo las cuales se rigen todos los influencers.

Facebook, por otro lado, es una aplicación que también se desarrolla en teléfonos celulares y en una página web que tiene una mayor llegada donde se crea páginas. Estas páginas tienen un nombre y también pueden crear publicaciones de video, fotos, archivos en general, también sujetos a las reglas internas propuestas por Facebook para proteger a los menores de edad. Esta plataforma bloquea la violencia y contenido para adultos, y si la página insiste en usar estos contenidos se le bloquea temporalmente, o en el peor de los casos, se elimina.

Instagram es una plataforma asociada a Facebook, ahora del mismo propietario, también presenta una llegada muy masiva en cuanto a número de usuarios que lo usan. El valor agregado de esta plataforma es que puedes hacer publicaciones llamadas historias que pueden ser fijas o también pueden ser momentáneas con una duración de 24 horas, en estas historias puedes hacer encuestas, subir videos con efectos fotográficos también con filtros propios de la aplicación que es el sello único de esta plataforma.

Twitter, por otro lado, presenta características totalmente diferentes, la inmediatez es su fortaleza ya que las publicaciones tienen que ser de un contenido muy concentrado, no tiene la libertad de hacer publicaciones extensas. El uso de hashtags genera tendencias globales, también es un valor agregado en sí mismo que no tiene filtros de publicación ya que es una red social abierta para que los usuarios puedan publicar lo que deseen.

En Conclusión, estas plataformas se han convertido en los nuevos canales de comunicación de la nueva era, con un atractivo que los medios tradicionales aún no han desarrollado: la inmediatez en las comunicaciones directas con los usuarios o consumidores del perfil.

YouTube

La plataforma YouTube es una compañía lanzada al mercado el 14 de febrero de 2005 propiedad de Google. Es un servicio de alojamiento de videos disponible para todo el público, funcionando como un medio de comunicación de masas y difusión. Su portal web principal (Youtube.com) ofrece todo tipo de clips de videos como películas (en cualquier idioma), programas de televisión o su resumen, videos virales y divertidos para las masas, clips musicales con la tendencia del momento, además de videoblogs y YouTube Gaming. Es importante destacar que YouTube como plataforma tiene una serie de normativas sobre su contenido, donde indica que todo su material tiene los derechos reservados, bien sea por su creador como por YouTube, respetando así el copyright de cada material.

YouTube nace en febrero del 2005 por tres exempleados de PayPal para ese momento, Chad Hurley, Steve Chen y Jawed Karim, y en octubre de 2006 fue comprado por Google Inc. por 1.650 millones de dólares. La idea de esta plataforma nace debido a las dificultades que ellos vivieron tratando de compartir videos grabados durante una fiesta en San Francisco, sin embargo, la idea principal del desarrollo del proyecto era crear una página de citas, donde las personas pudieran calificarse en función a sus videos. En la actualidad es el sitio web más utilizado en su tipo, pues se convirtió en una referencia directa de los internautas para ubicar cualquier material audiovisual. Como dato importante, debemos destacar que los enlaces a videos de esta plataforma pueden ser insertados en blogs, páginas web, correos electrónicos y redes sociales (Twitter, Facebook, LinkedIn y afines) mediante cierto código HTML.

El dominio web fue puesto a la orden del público el 15 de febrero de 2005, y al mes siguiente, para el 23 de abril, fue subido a la red el primer video de YouTube titulado Me at the Zoo ('Yo en el zoológico'). Actualmente dicho video aún existe, pero solo ha alcanzado poco más de 51 millones de visitas. En sus primeros meses de lanzamiento, sus fundadores ven que los usuarios habían desviado la idea original del proyecto, pues cargaban cualquier tipo de videos, pero lo sorprendente es que el tráfico se disparó cuando la gente empezó a colocar los enlaces de videos en YouTube a sus perfiles de MySpace.

Para final del año 2005, YouTube era visitado al menos 250 millones de veces al día, y para mayo del 2006 llegó a sus 2.000 millones de visualizaciones por día, pero 3 meses después logró alcanzar la media de 7.000 millones de visualizaciones diarias, siendo así el décimo portal más visitado de Estados Unidos. Para su fecha, y según el diario New York Post, YouTube pudo haber costado al menos 1.000 millones de dólares.

Para competir con esto, MySpace.com y Google deciden lanzar sus propias versiones de YouTube, sin lograr tener éxito.

Pasos para utilizar YouTube

La plataforma YouTube te permite ver videos, crear videos, y hasta crear tu propio canal de YouTube. Si deseas esto, debes seguir los siguientes pasos:

Para visualizar videos

1. **Inicia sesión con tu cuenta de Google (Gmail).** Cuando inicias sesión obtienes muchas ventajas como la posibilidad de comentar, guardar videos para verlos más tarde, suscribirte a canales y subir tus propios audiovisuales. Créate una cuenta en Google de forma gratuita si quieres tener acceso a todas las funciones de YouTube. Recuerda que las cuentas de YouTube ahora están vinculadas a las cuentas de Google en general.

2. **Utiliza la barra de búsqueda para encontrar videos.** La barra de búsqueda de YouTube funciona del mismo modo que la barra de búsqueda de Google, y te muestra resultados predictivos mientras busques. Cuando busques un video, por lo general, solo puedes introducir términos relacionados si no conoces el título, de manera que en muchas búsquedas relacionadas se mostrarán los videos bien etiquetados con buenas descripciones. También puedes utilizar los operadores de búsqueda para que realices búsquedas más específicas.

3. **Explora los canales de YouTube**. Si no sabes exactamente lo que buscas, puedes explorar el contenido más popular en YouTube revisando las diferentes categorías que te aparecen en la pantalla principal. Haz clic en el botón "Explorar canales" que está en el menú de navegación de la izquierda. Los canales están ordenados por categorías para que veas rápidamente los canales más populares según tus intereses favoritos. Recordemos que un canal de YouTube es una página que crea una persona, grupo o empresa. Estos canales albergan todo el contenido que sube el propietario del canal y funciona como una página de perfil para todos los usuarios de YouTube que lo siguen, o recomendaciones para quienes no lo sigan.

4. **Suscríbete a tus canales favoritos**. Los canales a los que estés suscrito te alertarán cada vez que un video nuevo se suba a esos perfiles. Para que te suscribas a un canal, haz clic en el botón rojo "Suscribirse" ubicado debajo del video de ese canal (el que estabas viendo) o haz clic en el botón "Suscribirse" en la página o perfil oficial del canal.

5. **Deja comentarios**. Si iniciaste sesión, puedes dejar tus comentarios en los videos que tienen habilitada la opción de comentarios, si no tienes la sesión iniciada, solo podrás leer los comentarios. Para dejar un comentario, haz clic

en el campo "Comparte lo que piensas" que está debajo del video, y redacta tu comentario. También puedes responder a otros comentarios haciendo clic en el enlace "Responder" que está debajo del comentario. No todos los videos tienen habilitada la opción de comentarios.

6. **Agrega un video a tu lista de "Ver más tarde"**. Si en tu navegación dentro de la plataforma YouTube encuentras un video que te haya gustado y quieres ver luego, puedes añadirlo a tu lista de "Ver más tarde" para que así puedas acceder rápidamente a él en cualquier momento. Debajo del nombre del video, haz clic en el botón "+ Agregar a" y selecciona tu lista de "Ver más tarde" u otra lista de reproducción que hayas creado.

Si al contrario de esto, deseas subir videos, tienes las siguientes opciones.

1. **Edita el video antes de subirlo.** YouTube tiene algunas herramientas de edición de video, pero es más recomendable que tú mismo lo edites antes de subirlo. Puedes utilizar un programa de edición de video para que combines todos los videos que quieres convertir en uno solo. Es perfecto para que edites varias tomas juntas o para que compiles varios videos. Los videos deben tener menos de 15 minutos de duración hasta que verifiques tu cuenta. Indica a YouTube

tu número de celular para que puedas verificar tu cuenta. YouTube te enviará un código el cual deberás ingresar para que verifiques tu cuenta.

2. **Sube el video**. Cuando subas un video, el mismo se añadirá a tu canal personal. No tienes que configurar nada en tu canal a fin de que subas el video. Más adelante, si realizas esto con mayor regularidad, podrás personalizar tu canal y construir una red de suscriptores. También puedes grabar directamente desde tu cámara web, omitiendo el proceso de subida de videos. Una vez que terminaste puedes utilizar el editor de video de YouTube para que hagas cambios menores al video.

3. **Añade un título y una descripción**. Un buen título y una buena descripción pueden hacer una gran diferencia para obtener vistas. Lo mejor es que el título y la descripción sean relevantes para el contenido del video, si no, es probable que no consigas muchas vistas. La descripción se podrá leer debajo del video cuando alguien lo mire. La descripción se utiliza para colocar más detalles sobre los aspectos del video, vincular tu video a páginas relacionadas o explicar algo más que desees sobre el video.

4. **Añade etiquetas**. Las etiquetas complementan tu video para que aparezca en los resultados de búsqueda como video relacionado. Las etiquetas

son palabras sueltas o frases cortas que funcionan como descripciones pequeñas. Utilizar buenas etiquetas puede aumentar significativamente las vistas o visitas que tu video obtenga. No exageres con muchas etiquetas o etiquetas engañosas, de lo contrario, la función de búsqueda de YouTube te sancionará, obstaculizando el flujo de visitas y evitando que obtengas alguna.

5. **Ajusta la configuración de privacidad de tu video**. Cuando subas un video, tienes tres opciones básicas para la privacidad. Puedes configurarlo para que cualquier persona pueda buscar el video, para que solo sea visto introduciendo la URL o para que el video sea privado y así solo los usuarios que tú permites puedan verlo. Si vas a configurar un video a "Privado" y quieres compartirlo con personas específicas, ellos deberán tener una cuenta de Google (Gmail).

6. **Monetiza tu video.** Si cumples con los requisitos que YouTube establece, puedes ganar dinero con las vistas de publicidad que hay en tu video. Si no obtienes muchas visitas, es probable que no ganes mucho dinero, o no ganes nada, sin embargo, los grandes influencers en YouTube hacen millones de dólares y euros al año.

7. **Comparte tu video.** Publica tus videos en tu red social favorita (Twitter, Facebook, LinkedIn, etc.) o inserta el video en tu blog. Es importante que compartas tu video para que se convierta en viral, ya que mientras a más personas se lo compartas, más lo podrán compartir si el contenido les gusta. YouTube tiene funciones incorporadas para compartir videos en la mayoría de las principales redes sociales. Si deseas insertar el video en tu página web, YouTube te proporcionará el código que necesitarás para que lo hagas.

Ahora bien, llega el momento de explicar la principal definición para que se cumpla lo antes mencionado: Crear Un Canal de YouTube. Aquí los pasos para hacerlo:

1. **Conceptualiza el/los canales.** Los canales forman parte de tu página de usuario de YouTube. Cada cuenta de YouTube viene con un canal y puedes crear canales adicionales en tu cuenta. Cada canal viene con una página asociada de Google+, la cual permitirá que hagas promociones cruzadas.

2. **Diseño el canal con la personalidad que le quieres dar.** El diseño es el cartel que está en la parte superior de tu canal y que permitirá distinguirlo de los demás y a solidificar tu marca. Este diseño se debe

relacionar con el contenido de tus videos o con tu personalidad, pues será tu carta de presentación al público.

3. **Define el nombre y la descripción al canal**. Una buena y correcta descripción te ayudará a atraer gente a tu canal, y un buen nombre ayudará a los usuarios a recordarlo. Tu descripción debe incluir enlaces a tu página web, así como una breve descripción de la finalidad de tu canal. Si cambias el nombre de canal, el nombre de la cuenta asociada a Google+ también cambiará.

4. **Desarrolla y depura tu contenido**. Al tener configurado tu canal, debes comenzar a subir contenido y a atraer visitantes. Crea y publica contenidos de calidad de manera regular para que construyas una base de seguidores fieles. Hazte socio de YouTube para que obtengas más exposición y acceso a herramientas avanzadas de creación.

YouTube y asociados

YouTube ha lanzado algunos servicios asociados para complementar la experiencia de los usuarios en la red, los cuales son:

a. **YouTube For Kids**: Esta es la versión de YouTube para niños, la cual cuenta con contenido restringido para que sea solo usada para buscar contenido infantil netamente. Además, cuenta con un limitador de sonido o temporizador para cuidar el tiempo en que los niños están expuestos a las pantallas y no les haga daño. Esto es una aplicación perfecta para los padres, pues les da un seguro de que sus hijos no navegarán ni verán contenido inapropiado para su edad.

b. **YouTube Gaming**: Este es un servicio y aplicación de YouTube dedicada a las personas jugadoras, la cual nació para competir con TwitchTV. YouTube Gaming se convirtió en uno de los servicios de reproducción de videos favoritos por los gamers. En este servicio encontrarás una interfaz más cómoda para el público gamer, pues incluso existe un chat donde los espectadores pueden interactuar con otro jugador, además, desde esta plataforma se puede subir las partidas desde Android al Google Play Games, para que otros usuarios puedan ver tu record en los juegos.

c. **YouTube NewsWire**: Es un canal creado en colaboración con StoryFul con la meta de presentar las noticias del mundo a esta plataforma. Hasta el momento es solo un canal.

d. **YouTube Music**: Busca competir con Spotify y Deezer. Esta aplicación busca facilitar a los

19

usuarios de YouTube la reproducción de sus canciones favoritas sin necesidad del video. Su interfaz está diseñada para que sea fácil para el usuario ubicar sus artistas favoritos, además de presentar solo los temas musicales de la plataforma.

e. **YouTube Red**: Comenzó como YouTube Music Key, el cual buscaba ser una versión Premium de la plataforma, pero luego evolucionó al punto de convertirse YouTube Red, el cual es el mismo servicio Premium de YouTube. Su precio es de 10 dólares al mes, y tienes los siguientes servicios: reproducción offline, sin anuncios y en segundo plano, acceso a contenidos exclusivos creados expresamente para los suscriptores.

Evolución y mejoras en su calidad de video.

Con casi 14 años en el mercado, YouTube no se ha quedado atrás en la vanguardia de calidad de video. Muchos usuarios de la red de Google Video (a comienzo de la plataforma) y otros sitios de videos se quejaban de la calidad del mismo, pues dicen que algunos videos se pixelan, ya que la mayoría de las veces se debe al equilibrio entre la calidad de imagen y velocidad de transmisión de datos en la red, o el audio y el video no están sincronizados. Para su momento, los videos no debían ocupar más de 2GB en el disco de espacio, y tenían permitido una duración menor de 16 minutos, es decir, hasta 15 minutos con 59 segundos. Todos los videos subidos a la red eran convertidos a 320x240 y 480x360 pixeles a 30 fotogramas por segundo. Sin embargo, la mayoría de los videos alojados en la red antes de marzo de 2008 están disponibles en una más baja resolución.

A finales del año 2008 se comenzaron a incorporar los videos con formato HD con calidad 720p, y para el 2009 su calidad subió a 1080p, permitiendo elegir la calidad deseada en función a la velocidad de internet con la que se cuenta para el momento en que se está visualizando el clip, ya que, si tenemos una baja velocidad de internet, será más difícil que logre cargar el video provocando que se vaya deteniendo a cada rato mientras lo intentas ver. Para esto, debes ir a la esquina inferior derecha del video y presionar el botón en forma de engranaje, donde podrás elegir el formato deseado de video.

Para el 25 de noviembre de 2008, la plataforma YouTube cambia la relación de aspecto de su reproductor de video, pasándola del formato estándar (4:3) a formato cine (16:9), acoplándose al estándar para los televisores LCD y Plasma, además unirse a la visión futurista de la compañía de transmitir películas completas en el futuro. Este cambio de aspecto se realizó con todos los clips que tiene la YouTube en su plataforma, y los videos que estaban en formato estándar (4:3) aparecen con franjas negras a los lados para rellenar el espacio que dejan para el formato cine (16:9).

Unos años más adelante se añadieron las resoluciones QHD (1440p) y 4K o Ultra HD (Ultra Alta Definición), pero para julio del 2015 se añadió el formato 8K (7.680x4.320 pixeles), siendo hasta 16 veces superior a la Alta Definición (HD). Al año siguiente, específicamente en noviembre del 2016 se integró el soporte para subir y reproducir videos en HDR.

Sus actualizaciones no fueron solo para la reproducción de videos, sino también para la reproducción de videojuegos para los gamers, pues en junio del 2014 YouTube introdujo los videos con reproducción de 60 fotogramas por segundo, algo comparable con la resolución de las tarjetas gráficas de gama Alta. Estos videos son reproducidos con una resolución de 720p o superior. La calidad de los clips colgados en YouTube son: calidad estándar (SQ), alta calidad (HQ) y alta definición (HD), los cuales están actualmente expresados en números de resolución.

Para enero del año 2015, la compañía Google anuncia que YouTube permitirá colgar videos en 360°, algo completamente revolucionario. Sin embargo, desde el 13 de marzo de 2015, los videos en 360° se pueden visualizar desde Google Cardboard, una plataforma de realidad virtual. YouTube 360° está disponible para todas las plataformas de realidad virtual.

Restricciones de copias y Copyright de los clips en la plataforma

El material colgado en la plataforma de YouTube cuenta con protección contra copias y violaciones al Copyright de sus creadores. De hecho, desde su creación, los videos colgados a YouTube eran reproducidos en formato flash (FLV), perteneciente a Adobe Flash, el cual evita e impide que los usuarios puedan hacer copias digitales fácilmente, sin embargo, muchos programadores han elaborado a lo largo del tiempo muchas herramientas que permiten, sin autorización ni permiso de YouTube, la descarga de los clips alojados en el sitio web. Actualmente existen muchas aplicaciones para descargar este material sin permiso de YouTube, además, en Alta Definición (HD). Para combatir esto, el explorador Google Chrome aplica una restricción para que las extensiones de Chrome Web Store no puedan bajar videos.

En los términos de protección de derecho de autor, YouTube permite videos publicados con música o videos con Copyright dentro de otro video, aun cuando esto es una infracción, sin embargo, solo realizan restricciones y sanciones a las personas que la infrinjan después de una tercera llamada de atención luego de alguna denuncia de violación de copyright, provocando la suspensión del video y de la cuenta por un tiempo determinado por YouTube.

Según YouTube, para el año 2017 **las sanciones** eran las siguientes:

- En caso de que una transmisión en vivo actual o archivada se quite por incumplir de los derechos de autor, se restringirá el acceso a la función para transmitir en vivo por 90 días.

- En caso de que el usuario reciba tres advertencias por incumplimiento, se anulará la cuenta, se quitarán todos los videos de la misma, y no podrá crear cuentas nuevas.

Su impacto como plataforma

YouTube causó un gran impacto en la sociedad mundial al poco tiempo de lanzado a la red. De hecho, en noviembre del 2006, la revista Time le otorgó el premio a Invento del año al convertirse en un medio de difusión muy popular para la viralización de todos los fenómenos de internet en todo aspecto. Su impacto ha sido tal que incluso se convirtió en una vitrina para todos los artistas, cantantes, influencers, personalidades del medio de comunicación, y mucho más, haciendo más inmediata y viral la promoción de cualquier trabajo discográfico, cinematográfico y mucho más, desplazando a la tradicional promoción por CD o DVD de cualquier material. En la actualidad, la plataforma es una referencia necesaria para cualquier persona al buscar todo material audiovisual, como históricos, musicales, documentales, investigativos, de tutoriales, y mucho más.

Instagram

Instagram es una plataforma o Red Social diseñada para publicar y compartir fotos y videos con demás usuarios de la red. Al momento de publicar este material, puedes aplicar efectos, filtros, marcos, efectos térmicos de imagen, colores retro, y mucho más, para luego compartirlas en todas tus redes asociadas como Facebook, twitter, Tumblr y Flickr. El mayor atractivo de la plataforma es que permite publicar las fotografías en forma cuadrada haciendo alusión a Kodak Instamatic y las cámaras Polaroid, ya que el formato de publicación es de 16:9 (Cine) y 4:3 (estándar) porque la mayoría de los dispositivos inteligentes y cámaras lo utilizan. Cuando esta aplicación comenzó, para poder publicar una foto Horizontal o Vertical dentro del parámetro 4:3 (estándar, único permitido en su comienzo), era necesario adaptarles a unos bordes blancos que permitieran ajustarla y centrarla para su publicación, y que así la aplicación no tuviera que recortar ninguna parte de dicho material. En la actualidad, esto ya no es necesario, pues puedes publicarla completa sin mayor complicación ya que la plataforma permite ajustarla al tamaño y orientación completa para no perder ni un poco de la imagen.

Instagram fue lanzada al mercado el 6 de octubre de 2010, creada por Kevin Systrom y Mike Krieguer. Para el año 2012, esta plataforma contaba con más de 100 millones de usuarios, y para diciembre de 2014, triplicó esta cifra llegando a 300 millones de usuarios. Como dato curioso, Instagram fue pensado al principio para IPhone y toda la gama IOS 3.0.2 o superior, pero a principios del 2012 llegó al sistema Android, para el 2013 llegó a Windows Phone y en 2016 llegó a Windows 10.

Es importante destacar que al principio los videos publicados solo podían durar hasta 15 segundos, pero para la versión 4.0 la aplicación actualizó esto permitiendo que la duración máxima fuera de 1 minuto. Hasta la fecha, esta compañía cuenta con al menos 900 millones de usuarios activos.

Para el 9 de abril del año 2012, Facebook anuncia la adquisición de la compañía por al menos 1.000 Millones de USD. Unos cuantos meses después, en diciembre del mismo año, Instagram actualiza sus términos y condiciones de privacidad y uso, permitiendo vender las fotos de los usuarios a terceros sin notificación o compensación a partir del 16 de enero del 2013, pero luego de muchas críticas de consumidores y organismos importantes, Instagram deshace los cambios. Gracias a esta crisis, Instagram pierde gran parte de sus usuarios que prefirieron cambiarse a servicios similares a Instagram.

Uso correcto del Instagram

Cada una de las plataformas multimedia tienen una guía de principiante donde te destaca la forma correcta de usarlas y sacarle el mayor provecho:

Descarga la aplicación: Instagram, a diferencia de otras redes sociales, solo puede administrarse a través de un dispositivo inteligente o móvil, ya que desde una computadora solo se puede monitorear la actividad de la misma. Por esta razón, primero debes descarga la aplicación a tu dispositivo para poder utilizarla de manera efectiva y continuar con los siguientes pasos.

Crea tu usuario en Instagram: Al abrir la aplicación, te aparecerá una pantalla con dos mensajes: Crear Cuenta, e Iniciar Sesión. Seleccionas "Crear Cuenta" e inmediatamente tendrás la opción de crear tu cuenta mediante tu perfil del Facebook, número celular o dirección de correo electrónico. Desde aquí, debes crear tu nombre de usuario y colocar tu contraseña. Es importante destacar que el nombre de usuario que elijas será el nombre con el que los demás usuarios de la red podrán buscarte y seguirte para ver tus videos y fotos compartidos. Luego debes añadir tu foto de perfil, llenar tu descripción o biografía, y terminar el formulario de datos para validad toda tu información.

Descubre gente nueva: Al terminar de completar tu perfil, puedes empezar a buscar personas a las que tal vez te interesará seguir para ver sus publicaciones. Para esto,

Instagram te ofrecerá una lista de sugerencias de cuentas que te podría interesar seguir. Generalmente son cuentas de celebridades o marcas, o sencillamente son usuarios que Instagram localizó gracias al haber revisado tu lista de contactos del celular, tu cuenta de correo electrónico o cuenta Facebook luego de haber vinculado todas estas cuentas a tu perfil de Instagram.

Buscar en Instagram: Una vez que estás en tu pantalla de inicio de Instagram, podrás buscar fotos y post de diferentes usuarios de Instagram. Para esto debes tocar el ícono de la lupa en la parte inferior de la pantalla, luego escribir el nombre del usuario que deseas buscar o la etiqueta (Hashtag) que deseas ubicar para ver publicaciones referidas. Al escribir, Instagram te mostrará todo lo referido en publicaciones con esa palabra de búsqueda (Resultados).

Explorar en Instagram: Aquí puedes ver todas las tendencias y publicaciones más vistas o virales del momento. Recomendaciones que te ofrece Instagram en función a tu localidad, personas a las que sigues, personas que te siguen y cualquier relacionado con tus intereses en la plataforma para que no te pierdas un solo detalle de la tendencia del momento en la red. Para esto debes tocar nuevamente el ícono de lupa sin escribir ni buscar nada, solo navega por la página descubriendo los posts que aparecen de otros usuarios o Influencers.

Subir y compartir una foto o video: nada más debes dar clic en el ícono central en forma de cuadrado en el cintillo inferior de la pantalla, ahí podrás acceder a tu galería o carrete para ver y elegir las fotos o videos que desees compartir en tu post. Los videos deben durar entre 3 a 60 segundo. Puedes tomar una fotografía o video directamente de la aplicación y publicarlo inmediatamente. También puedes publicar un álbum completo de 10 fotos o videos (Puede ser mixto) en un solo post. Solo debes seleccionar el botón pequeño que aparece en la esquina inferior derecha del seleccionador de fotos o videos para luego seleccionar las fotos o videos que deseas compartir en un solo álbum.

Editar fotos en Instagram: al prepararte para realizar la publicación, debes seleccionar "Siguiente" para acceder a la galería de filtros y herramientas una vez que hayas seleccionado las fotos a publicar. Puedes deslizar para ver todas las opciones en filtros disponibles por la plataforma. Allí podrás editar el brillo o el contraste, la orientación de la imagen, y todo lo que desees. Una vez terminado este proceso, solo le debes presionar "Aplicar".

Compartir las fotos y videos ya seleccionados: Luego de haber realizado todos los pasos antes descritos, debes escribir el copy que acompañará el post. Recordemos que este copy es el que acompaña en la parte inferior a las fotos, videos o albumen que deseemos postear. Trata de no hacer testamentos o textos tan largos ya que la aplicación se caracteriza más por la visualización de sus fotos o videos que por sus textos. Es recomendable utilizar e incluirle Hashtags relacionados con la publicación para que más personas interesadas en tus gustos y en las etiquetas colocadas en el post puedan verlo. Puedes etiquetar personas en las fotos o videos, incluir tu localización y, si lo deseas, puedes compartir tu post con el mismo copy a Facebook, Twitter, Tumblr o Flickr.

Si desear enviar o compartir este post solo con un grupo determinado de personas, presiona el ícono "Direct" en la esquina superior derecha, y elige a las personas con las que deseas compartir la publicación (puede ser una publicación propia o de otro usuario al que sigas y decidas compartir su material).

Toca sobre el botón "Compartir" en la parte inferior de la pantalla y el post se publicará en Instagram.

Creación de Boomerangs: No solo puedes compartir videos o fotos, sino también Boomerangs, una modalidad exclusiva de Instagram, la cual consiste en captar videos en movimiento y que son reproducidos de atrás para adelante, de adelante para atrás y viceversa durante 6 segundos, sin embargo, el material grabado es de dos segundos. Esto le da un efecto de movimiento invertido al video. Para esto, solo debes grabar tu boomerang a través del Storie de tu cuenta en el botón de "Cámara" en la esquina superior izquierda, donde puedes elegir el boomerang, grabarlo y guardarlo en tu teléfono para luego compartirlo como post (ya lo explicamos antes).

Zoom en las fotos y videos de Instagram: Cuando comenzó el funcionamiento de la aplicación en 2010, la misma no permitía acercar las fotos para detallarlas mejor, pero en 2016, y luego de tantas solicitudes, Instagram decide incluir entre sus herramientas la función de hacer Zoom a las distintas fotos o videos que aparecen en el Feed de actividad. Para lograr ampliar la imagen, solo debes tocar con los dos dedos como si pellizcaras para agrandar la imagen.

Perfil en Instagram: El último ícono de tu cintillo inferior de navegación (con silueta de persona o tu foto de perfil) es el que te dirigirá a tu perfil principal donde podrás ver todos los posts que has compartido en tu cuenta.

Stories o Historias: Esta función es similar a SnapChat, otra red social muy popular de mensajería audiovisual. Para crear un Storie solo debes tocar el ícono en forma de cámara ubicado en la esquina superior izquierda, donde se abrirá la cámara de fotos, para generar un video, foto, hacer un Instagram Live (directo), boomerang o un Rewind. Allí incluso podrás etiquetar a personas que aparezcan contigo en el material, compartir tu ubicación, utilizar un hashtag, colocar emoticones y muchas cosas más.

Su impacto y alcance

Para el 11 de marzo del año 2012, Instagram anunció que tenía más de 27 millones de usuarios registrados. Sin embargo, Mark Zuckerberg (creador de Faceook), en septiembre del mismo año anunció que ya habían alcanzado los 100 millones de usuarios registrados.

Según las métricas de Instagram, para mayo del 2012 se subían al menos 58 fotografías por segundo, y cada segundo se registraba un nuevo usuario en la aplicación. Hasta esa fecha, se habían subido un total de mil millones de fotografías. El 9 de agosto, la cantante Elie Goulding estrenó el videoclip de su tema Anything Could Happen, el cual está construido de puras fotografías retocadas con filtros regularmente utilizados en Instagram. Este clip duró al menos 4 minutos, donde se utilizaron más de 1200 fotografías.

En agosto del 2017, la compañía indica que hasta el momento contaba con más de 800 millones de usuarios activos.

Instagram y sus Filtros

A la hora de realizar cualquier publicación, tienes una amplia gama de filtros con los que podrás adaptar la belleza de tu imagen a tu gusto. Estos filtros son:

- **Clarendon**: Intensifica las sombras e ilumina los reflejos. Originalmente lanzado como un filtro sólo para video.

- **Gingham:** Lava las fotos. Da un tono amarillento cuando se usa en fotos oscuras o un aspecto más brillante y soñoliento cuando se usa en fotos claras.

- **Moon**: Versión en blanco y negro de Gingham, con sombras ligeramente más intensas.

- **Lark**: Desatura los rojos mientras amplifica azules y verdes: hace que los paisajes cobren vida.

- **Reyes:** Le da a las fotos un aspecto polvoriento y vintage.

- **Juno**: Matiza los tonos fríos en verde, hace que los tonos cálidos resalten y los blancos brillen.

- **Slumber**: Desatura la imagen y agrega bruma para una apariencia retro y soñolienta, con énfasis en negros y azules.

- **Crema:** Agrega una apariencia cremosa que calienta y enfría a la vez la imagen.

- **Ludwig:** Un ligero toque de desaturación que también mejora la luz.

- **Aden:** Da un aspecto natural de azules y verdes.

- **Perpetua**: Añade un aspecto pastel, ideal para retratos.

- **Amaro:** Agrega luz a la imagen, con un foco en el centro.

- **Mayfair**: Aplica un tono rosado cálido, viñetas sutiles para iluminar el centro de la fotografía y un borde negro delgado.

- **Rise**: Agrega un "resplandor" a la imagen, con una iluminación más suave del sujeto.

- **Hudson:** Crea una ilusión "helada" con sombras intensas, tinte frío y centro esquivado.

- **Valencia**: Desvanece la imagen al aumentar la exposición y calentar los colores, dándole un toque antiguo.

- **X-Pro II:** Aumenta la vitalidad del color con un tinte dorado, alto contraste y una leve viñeta agregada a los bordes.

- **Sierra:** Da un aspecto desvaído y suave.

- **Willow:** Un filtro monocromático con sutiles tonos morados y un borde blanco translúcido.

- **Lo-Fi:** Enriquece el color y agrega sombras fuertes mediante el uso de saturación y "calentamiento" de la temperatura.

- **Earlybird:** Le da a las fotografías una apariencia más antigua con un tono sepia y una temperatura cálida.

- **Brannan:** Aumenta el contraste y la exposición, y agrega un tinte metálico.

- **Inkwell:** Cambio directo a blanco y negro - sin edición adicional.

- **Hefe:** Alto contraste y saturación, con un efecto similar a Lo-Fi pero no tan dramático.

- **Nashville:** Calienta la temperatura, reduce el contraste y aumenta la exposición para dar un ligero tinte "rosado", dándole un aire "nostálgico".

- **Sutro:** Quema los bordes de las fotos, aumenta los reflejos y las sombras dramáticamente con un enfoque en los colores morado y marrón.

- **Toaster**: Hace que se "queme" el centro de la imagen, y agrega una viñeta dramática.

- **Walden**: Aumenta la exposición y agrega un tinte amarillo.

- **1977**: Con una mayor exposición de tinte rojo que da a la fotografía una apariencia rosada, brillante y desvaída.

- **Kelvin**: Aumenta la saturación y la temperatura para darle un "resplandor" radiante.

- **Stinson:** Filtro sutil que ilumina la imagen, eliminando ligeramente los colores.

- **Vesper.**

- **Maven.**

- **Ginza.**

- **Skyline.**

- **Dogpatch.**

- **Brooklyn.**

- **Helena.**

- **Ashby.**

- **Charmes.**

Con información referencial de Wikipedia

No podemos dejar a un lado los filtros utilizados en los Stories, los cuales son:

- **Río de Janeiro:** Da un efecto de colores degradados del morado al amarillo.

- **Tokyo**: Da un efecto blanco y negro.

- **Cairo**: Da un matiz amarillento y vintage.

- **Jaipur**: Da un matiz rosado y con claridad.

- **New York**: Crea un efecto de viñeta obscurecida que resalta los tonos obscuros.

- **Buenos Aires**: Realza las luces y satura los tonos obscuros.

- **Abu Dabi**: Suaviza la imagen y realza los tonos amarillos.

- **Jakarta**: Realza las luces y da un tono pálido.

- **Melbourne**: Disminuye la saturación y suaviza la imagen.

- **Lagos**: Suaviza la imagen en un tono amarillento.

- **Oslo**: Realza las sombras.

Con información referencial de Wikipedia

Constantemente la aplicación está realizando actualización de la misma, incluyendo nuevos filtros, máscaras, y mucho más, para hacer más dinámico su uso.

Aplicaciones asociadas

Instagram es una aplicación que tiene muchas funcionalidades, y busca hacer más dinámica tu experiencia dentro de la aplicación. Entre sus aplicaciones asociadas, tienen:

PrintingGram: Una web que permite a los usuarios de Instagram imprimir sus propias fotos de Instagram en diferentes tipos: imanes, calendarios, álbumes de fotos, láminas decorativas, entre otras. Un servicio de impresión para que los instagramers puedan convertir sus fotos en algo real.

Instagramers: Portal web con noticias, utilidades, aplicaciones y productos relacionados con el mundo de Instagram de la mano de la comunidad mundial más grande de usuarios de Instagram. Su portal principal es instagramers.com

Instamap: Aplicación disponible para iPad que permite a los usuarios de Instagram encontrar fotos referentes a su ubicación o de un determinado hashtag. Los resultados se pueden ver en una galería o vinculados a un mapa.

Schedugr.am: es un portal web que permite a los usuarios de Instagram programar la publicación de fotografías en sus cuentas a partir de una plataforma web, para que no se tengan que preocupar de publicarlas manualmente en el momento debido.

100 Cameras in 1: es una aplicación disponible para los usuarios de iPhone, iPad, Windows y Android que proporciona efectos adicionales a fotos, con la posibilidad de subirlas a Instagram.

Carousel: para Mac, ofrece una transmisión en vivo de Instagram en la Mac.

Iconosquare.com: (antes Statigr.am) es una aplicación paga que proporciona estadísticas personales relacionadas con Instagram, incluyendo el número de seguidores, likes, comentarios, y estadísticas de uso.

Instagram & Printing – Instaprint: ofrece un dispositivo que se puede alquilar para reuniones sociales que permite a los usuarios imprimir fotografías en Instagram.

Printic: ofrece una de las maneras más fáciles de imprimir y compartir fotos de Instagram desde un iPhone. Las imágenes son enviadas con un formato de 3x4 pulgadas (7.62x10.16 cm), en un sobre de color naranja y un mensaje para el destinatario.

Optink (optink.com): es una web que permite la creación de marcos Instagram para photocall a través de la plataforma online, también permite la creación de marcos Facebook, Twitter y demás. Es un buen complemento físico para realizar fotografías y compartirlo en redes sociales.

Socialmatic: es un prototipo de una cámara digital con la cubierta diseñada con un estilo idéntico al ícono de Instagram. La cámara está diseñada con 16 GB de almacenamiento, Wi-Fi y Bluetooth. Tiene la capacidad de interactuar con la aplicación Instagram y de producir impresiones a color.

SubirfotosaInstagramdesdepc: Esta plataforma web, te ayuda a aprender un poco de programación con la finalidad de subir fotos a Instagram con Python utilizando la API de Instagram.

Gramatica: es una aplicación que ofrece a los usuarios de Instagram opciones adicionales en el álbum de fotos de la aplicación, tales como: alejar/zum, ocultar fotos, crear listas o vincular diferentes cuentas.

Pro HDR: es una aplicación para iOS y Android que fusiona imágenes para conseguir magníficas fotografías en resolución HDR.

Tweegram: es una aplicación para iOS que convierte un texto, con diferentes estilos, en una imagen para subir a Instagram.

PicFrame: disponible para iOS y Android, une diferentes imágenes en una sola dividida en fragmentos.

TheShow: es una aplicación creada por Red Bull que permite transformar tus fotos de Instagram en una exposición fotográfica como si fuera una galería de arte moderno. Una vez te conectas a la página web de la aplicación, se puede descargar el video generado de tu exposición y compartirlo en redes sociales.

Flipagram: es una aplicación que permite la creación de videos cortos con fotografías, donde el usuario escoge el número de fotografías, el ritmo y la música del video. Se pueden compartir esos videos en otras redes como Instagram, Facebook o Twitter.

Instagrafic: disponible para iOS y Android, permite la creación de un foto álbum con 36 fotografías. Este álbum se puede compartir o encargar su impresión.

Instagraph Uploader: disponible para symbian, S40 y Windows Phone. Permite publicar imágenes en Instagram, y la versión para Symbian y Windows Phone permite compartirlas en las redes sociales

Instacollage: aplicación disponible para iOS y Android, permite unir las fotos en más de 20 cuadrículas de collages (ahora disponible la nueva versión con collages 3D) y añadir numerosos filtros y efectos a las fotografías, permitiendo compartirlas directamente a las redes sociales como Instagram, Facebook, Twitter y Flickr.

Instaweather: aplicación disponible para iOS y Android, permite compartir además de una fotografía, el clima y la ciudad donde estés situado directamente en Instagram. Esta aplicación es muy utilizada para viajes y recreación.

Boomerang: aplicación disponible para IOS y Android, transforma los momentos cotidianos en experiencias divertidas e inesperadas, se crean atractivos videos breves de repetición continua, sólo hay que buscar algo en movimiento y tocar un botón y Boomerang se encargará del resto. La aplicación creará un video encantador a partir de 10 fotos o videos que se elijan. Podrás compartirlo directamente en Facebook y en Instagram o guardarlo en el álbum de la cámara para publicarlo más tarde.

InShot: aplicación disponible para IOS y Android, es un editor de video y foto profesional, da la opción de añadir música y efectos a cualquier video, también recorta y comprime los videos.

Con información referencial de Wikipedia

Facebook

Facebook es una compañía estadounidense de chat y mensajería instantánea por internet nacida el 4 de febrero de 2004 por un grupo de estudiantes de la Universidad de Harvard, donde la mente maestra fue Mark Zuckerberg, junto a Eduardo Saverin, Andrew McCollum, Dustin Moskovitz y Chris Hughes, quienes eran compañeros de cuarto en dicha universidad. Esta plataforma web fue inicialmente diseñada para la interacción y chat entre los mismos estudiantes de Harvard mediante una membresía web, más tarde se amplió la membresía para todos los estudiantes de educación superior del área de Boston, y para el año 2006 era de uso libre y gratuito para cualquier persona mayor de 13 años de edad. En el año 2008 comenzó a estar disponible en idioma español para seguir expandiendo su servicio a más regiones del mundo con conexión a internet.

Para el año 2012 esta compañía ya había alcanzado un valor de 104 millones de dólares en la bolsa de Oferta Pública de Venta (OPV), logrando obtener ingresos mediante los anuncios publicitarios que aparecían en la pantalla de los usuarios de la red.

Hasta la fecha, Facebook cuenta con al menos 2.200 millones de usuarios mensuales. A lo largo de los años han desarrollado diferentes políticas y leyes de uso de su plataforma para mantener armonía entre los internautas, como enfrentar la gran presión que ejercen miles de usuarios con sus *fake news*, incitación al odio, entre otros temas.

Para el año 2012, la compañía adquirió las acciones de Instagram por al menos 1.000 Millones de dólares, y en febrero del 2014 adquirió la compañía de mensajería instantánea Whatsapp por 16.000 millones de dólares para así completar su monopolio comunicacional a escala mundial.

Para el año 2017, la compañía Facebook obtuvo en ingreso neto al menos US$40.653 millones, y en la actualidad cuenta con 30.275 empleados directos en toda la compañía. La empresa además cuenta con traducción en todos los idiomas del mundo, pues tiene presencia en todas las regiones del planeta, a excepción de algunos países que han bloqueado su acceso en la red por motivos políticos, étnicos, entre otros.

¿Cómo podemos utilizar esta herramienta?

En esta sección te explicamos el paso a paso de cómo utilizar Facebook:

1. **Creación de una cuenta o membresía en Facebook**

Crear una cuenta es bastante sencillo, pero debes llenar todo el formulario de forma correcta. Accede a la página oficial de la plataforma Facebook (Facebook.com).

Al ingresar a la página principal, verás una pantalla o pestaña con un mensaje que te permitirá iniciar sesión en Facebook a través de tu correo electrónico o número de teléfono y la contraseña. Esa sección es exclusiva para los usuarios que ya tienen su membresía en la red social, hasta el momento tú estarás próximo a esto, pero aún no.

Debajo del cintillo superior izquierdo, donde puedes iniciar sesión, tienes una sección que dice "Crear Cuenta", y luego un pequeño formulario a completar. En este formulario debes completar tus datos personales: Nombre, Apellidos, Teléfono, dirección de correo electrónico, fecha de nacimiento, sexo y contraseña. Una vez terminada la tarea, presionas el botón "Registrar". Es importante resaltar que para Facebook debes colocar tus datos personales reales, es decir, si una vez que registres tus datos quieres suplantarlos, puede ser considerado como delito. Al realizar el registro de manera definitiva, estás aceptando todas las condiciones y términos de uso de Facebook, por lo que es recomendable que revises toda esa información antes de continuar con la solicitud y registro de tu membresía.

2. Encontrar amigos en Facebook

La intención de esta plataforma es simplificar las comunicaciones entre tus conocidos y tú alrededor del mundo, además de conocer muchas personas más en el intento. En esta función, puedes ubicar a todos tus conocidos, familiares y amigos, para de esa manera interactuar en línea, compartir momentos, fotografías y mucho más en sus perfiles para que todos sus amigos en común puedan verlo. Para poder disfrutar de esto, Facebook tiene un algoritmo que permite mostrarte una sugerencia de amigos basándote en varias fuentes, como tu correo electrónico, lista de contactos del celular, conocidos en sitios donde puedas frecuentar y hayas registrado en tu perfil, entre otras fuentes. Una vez que tengas esta lista de sugerencias, tú mismo puedes decidir con quién te quieres conectar y enviar tu solicitud de amistad, si no quieres, no haces nada y no pasó nada.

Luego de enviar la solicitud de amistad, tendrás que esperar unos minutos, horas, o días (dependiendo a la próxima conexión de la persona o amigo al que le enviaste la solicitud de amistad) a que la persona acepte o rechace tu solicitud para ser amigos en esta red social. De igual forma, y si deseas buscar a una persona o cuenta en específico, podrás hacerlo escribiendo su nombre en el buscador que ves en el cintillo superior de la página, donde aparecen todas las cuentas registradas en Facebook con el nombre o nombres similares.

3. Añade contenido a tu perfil

Tu perfil en la red de Facebook puede funcionar como tu carta de presentación para todos tus amigos, conocidos y no tan conocidos, de manera que pueden conocer y ver lo que compartes, tus intereses, comentarios y cualquier contenido que desees añadir en tu perfil.

Para añadir contenido, debes acceder al perfil de tu cuenta a través del ícono con tu foto y tu nombre en el cintillo superior derecho de la ventana, justo al lado del botón de inicio. Luego que estás en esa pantalla, verás un recuadro con la pregunta "¿Qué Estás Pensando?", donde podrás publicar un comentario, foto, video, noticias, y mucho más. Este material será visto por todos tus amigos en sus respectivos TimeLine, donde además podrá darle "Me Gusta", comentar o compartir en su perfil para que sus amigos (incluso los que no son tuyos) puedan verlo. En este recuadro puedes incluso compartir tu ubicación, un evento e invitar a tus amigos a asistir, indicar algún sentimiento o actividad, y muchas cosas más.

4. ¿Qué están haciendo tus amigos en Facebook?

Tal como lo mencionamos en el ítem anterior, al publicar cualquier contenido en tu cuenta, tus amigos pueden verlo en su timeline. Para disfrutar del contenido que comparten tus amigos, nada más debes ir a la pestaña de "Inicio" para ubicarte a tu muro de noticias y actualizaciones. Allí podrás disfrutar de los post o publicaciones más recientes de tus amigos en la red, y podrás deslizar hacia abajo para seguir viendo de más y más publicaciones gracias al algoritmo de Facebook para ver los más populares según los "Me Gusta" y comentarios que pueda tener. Si en cambio quieres ver las noticias de manera cronológica, podrás ir a la sección "Más Recientes" en el cintillo derecho.

En cada publicación podrás realizar varios tipos de interacción:

- **Botón "Me Gusta"**: Al deslizar el mouse sobre el ícono sin hacer clic, se desplegarán varias opciones de reacción sobre esa publicación como "Me encanta, Me Enfada, Me Enamora, entre otros. Esta función te permite mostrar cómo te sientes sobre el post que estás viendo.

- **Comentar**: Cada publicación tiene espacio para conocer la opinión de quien la ve, plasmando los comentarios que desean dejar. Solo debes presionar "Comentar" y allí escribir lo que consideres sobre el post, incluso etiquetando a otros amigos para que lo puedan ver. Hay que destacar que los comentarios deben ser respetuosos y no contener un lenguaje discriminatorio ni que incite al odio o a la violencia ya que esto puede ser un delito para Facebook y él está en derecho de cancelar el comentario, y hasta tu cuenta (esta cláusula está en los términos y condiciones).

- **Compartir**: Si esa publicación te gustó mucho, y consideras que más personas deben verla y disfrutarla tanto como tú, puedes presionar el botón "Compartir" para compartirla en tu muro como post directo, o escribir un comentario en tu muro haciendo referencia a dicho post.

Cuando Cliqueas en "Compartir", se despliega un menú con distintas opciones donde: podrás compartir en tu muro directamente para que todos tus amigos vean e interactúen también; enviarlo como mensaje; o compartirlo en el muro de un amigo o en otra página.

5. Chatear de manera privada en Facebook

La comunidad de Facebook te da la opción de comunicarte e interactuar de manera privada con tus amigos en la plataforma o con cualquier persona aunque no la tengas como amigo, es decir, sin que alguien más pueda leer o saber lo que conversan. Si deseas chatear, solo debes cliquear el botón "Mensajes" en la barra superior derecha (con el símbolo de una nube de mensaje), o en la parte inferior derecha en el menú de "Chat" donde además te indica la cantidad de amigos conectados en ese momento. En ese momento se abrirán todos los contactos y chats más recientes, donde podrás seleccionar el contacto con el que quieres establecer la comunicación.

En ese menú desplegable podrás ver la opción de "Solicitud de Mensajes", donde estarán todos los mensajes recibidos por personas que no son tus amigos en Facebook, pero que solo tú tendrás la opción de decidir si aceptar el chat o no.

6. ¿Sabes crear un evento en Facebook?

Si tienes en mente organizar un evento y deseas que tus amigos lo vean o asistan, como una fiesta de cumpleaños, reunión, etc., solo debes hacer clic en la pestaña de "Inicio", y después, en la parte izquierda de la pantalla, en la palabra "Eventos", luego cliquea "+Crear Evento", allí elegirás entre crear un evento privado para solo las personas que tú invites directamente, o crear un evento público para que cualquier usuario pueda verlo y buscarlo aunque no esté en tu lista de amigos.

Al elegir una de estas opciones, se desplegará un menú en el que tendrás que completar toda la información relevante sobre el evento, es decir, el nombre del evento, cuándo y dónde será, y la descripción del mismo.

Además de todo esto, puedes elegir una foto o video que encabece el evento, donde también podrás personalizar la invitación según tus gustos y preferencias.

Una vez que hayas creado el evento, y luego de haber enviado las invitaciones correspondientes, podrás ver quiénes asistirán, quiénes no asistirán, o quiénes tal vez asistirán, siendo así una manera muy práctica para organizar eventos pequeños, medianos o grandes, y confirmar de manera más práctica la asistencia de tus invitados.

7. Creación de una página en Facebook

Tal vez tengas una marca a la cual le quieres crear presencia en Facebook para comercializarla más entre los usuarios de esta red social, y por eso desees crear una página de fans o perfil comercial en la red, para esto lleva a cabo los siguientes pasos:

Ve a la pantalla de "Inicio", cliquea en el ícono "páginas" en la parte izquierda de la pantalla, y luego en el botón verde "Crear Página".

Una vez en esta fase, debes elegir el uso de esta página: promocionar un lugar, negocio local, marca, producto, defender una causa o crear una comunidad en base a un tema específico. Debes seleccionar la opción más apropiada y sigue completando toda la información que se te solicita paso a paso hasta finalizar este proceso. Al final de todo, puedes invitar a todos tus amigos en Facebook para que le den Me Gusta a tu página y obtener mayor número de interacción.

8. Crear un grupo en Facebook

Los grupos en Facebook son comunidades de debate entre los integrantes de las mismas, donde intercambian información, ideas, o productos de distintos usuarios. Para la plataforma Facebook "los grupos son la opción ideal para concretar muchos temas y estar en contacto con las personas que quieres. Comparte fotos y videos, mantén conversaciones, haz planes y más".

Para crear un grupo en Facebook, es importante tener clara la necesidad de ese grupo. Una vez que tengas la idea, vas a la pantalla "Inicio" de tu perfil, en el cintillo izquierdo haz clic sobre "Grupos" y luego cliqueas en "Crear Grupo". Allí abrirá una ventana en la que deberás ingresar el nombre del grupo, y agregar algunas personas para abrirlo, luego puedes elegir la privacidad o el tipo de privacidad que deseas. Existen tres opciones:

- **Grupo público**: cualquiera puede ver el grupo, los miembros y sus publicaciones.

- **Grupo cerrado**: cualquiera puede buscar el grupo y ver quién pertenece a él, pero solo los miembros pueden ver las publicaciones.

- **Grupo secreto**: solo los miembros pueden buscar en el grupo y ver las publicaciones.

Luego podrás administrar quién ingresa y quién no, a este grupo.

9. ¿Cómo desactivar tu cuenta de Facebook?

Para desactivar una cuenta, sigue los siguientes pasos: haz clic en el ícono de la flechita, en la barra superior de la página a la derecha, justo al lado del símbolo de interrogación. Haz clic sobre "Configuración", selecciona "General", "Editar", "Administrar Cuenta", luego aparecerán más opciones: Al final de todas, leerás "Desactivar Cuenta", si la seleccionas, Facebook te pedirá confirmar la decisión de cerrar la cuenta, para luego borrar tu nombre, foto y todo el contenido que compartiste en tu cuenta por al menos 60 días, si en 60 días no reactivas tu cuenta, esta será borrada de su sistema de manera definitiva.

Facebook y sus asociados

Facebook cuenta con otras aplicaciones de su propiedad que permiten expandir su experiencia para el usuario en otros dispositivos que no sean las computadoras.

Facebook Messenger: El servicio de chat de Facebook que permite escribir mensajes, e incluso llamadas de voz entre los usuarios de la red, pero solo limitado a sistema iOS y Android.

Poke: Una aplicación para mensajes "efímeros". Esta aplicación no forma parte de Messenger y requiere que ambos contactos la tengan descargada. Fue sacado del mercado desde mayo de 2014, y reemplazado por Slingshot que, es básicamente, es igual con la diferencia de que también envía y recibe fotos y videos "efímeros" (Disponible desde junio de 2014).

Administrador de páginas: La aplicación que te permite administrar una página de manera rápida.

Facebook Groups: Casi igual que la aplicación "Administrador de páginas", pero con los grupos.

Facebook Lite: Es la aplicación de Facebook para móviles, pero pesa menos, aproximadamente 2MB para equipos con poco espacio de memoria. Utiliza redes 2g y conexiones lentas. Es apta para celulares Android con versiones antiguas.

¿Se puede monetizar nuestro manejo de Facebook?

Muchas personas buscan sacarle el mayor provecho económico a sus cuentas en las redes sociales cobrando dinero por sus publicaciones con recomendaciones de marcas, visualización de contenido, etc. Pero realmente con Facebook no se puede, ya que con su algoritmo y su plataforma de que solo pueden publicar contenido a sus amigos en su perfil, hace complicado que sean viral sus publicaciones, y de esta manera podemos decir que no existen influencers en Facebook. Contrario a esto, si deseas promover tu marca personal, empresa, producto o mensaje, debes adquirir algunos de los planes de mercadeo o publicidad que ofrece Facebook, donde te asegura una cantidad específica de interacción con los usuarios de Facebook en relación con sus intereses, es decir, si buscas promover tu marca, y esta es un concesionario de carros, Facebook mostrará esta publicación a personas que hayan visitado algún concesionario en la red, tiendas de repuestos de vehículos, entre otros intereses, para que tu mensaje sea más efectivo y viral. Suele ser más efectiva las campañas de Facebook cuando promueves tu marca con algún perfil de la misma en Facebook como FanPage.

¿Vale la pena medir los indicadores de Me Gusta, Comentarios o Compartidos en Facebook?

Solo si lo haces como marca o empresa, pero como usuario o "Influencer" no, pues como se menciona antes, realmente no vas a aumentar el número de seguidores o de visualizaciones de un material por la cantidad de Likes o comentarios de tu publicación, ya que esta red es más para compartir entre amigos, a diferencia de otras redes sociales que es más para compartir con un sector o público especifico llamados Seguidores. Sin embargo, si tienes una marca o FanPage de tu empresa en Facebook, puedes aumentar medianamente la interacción con tu público al publicar material que a tus seguidores en el FanPage les interese y desee compartir con sus amigos etiquetándolos en esa publicación, pero no puedes monetizar esa interacción a tu favor.

Conclusión

Las redes sociales son una increíble herramienta para comunicar a las masas de manera global, al alcance un clic y en cualquier momento. Lo principalmente importante es que debes entender y aprender el fin que tiene cada plataforma, pues si aplicas el uso en estas plataformas de manera diferente al fin para el que fueron creadas, tendrás malos resultados y fracasarás inmediatamente.

Por ejemplo, ya sabemos que la comunidad Instagram es una comunidad para compartir material o contenido audiovisual, como videos y fotos a través de su Feed, o sus Stories, con un pequeño pie de foto o de página que permita complementar la información o la idea del material que estás compartiendo en el mismo, e incluso puedes realizar transmisiones en directo a través de Instagram live en el momento que gustes, y leer los comentarios de tus seguidores conectados en ese momento. En esta comunidad no sirve que compartas tanto contenido escrito, pues no tendrá el mismo impacto que tiene el contenido audiovisual o fotográfico.

En cambio, Facebook, es una comunidad de blogging donde los usuarios pueden compartir contenido mixto, videos, fotos y comentarios en la red, además de noticias, chat en vivo entre amigos y mucho más. Es ideal para quienes quieren tener todo mixto en un solo sitio, sin embargo, y aunque su impacto sobre las masas se ha mantenido a lo largo de sus más de 10 años de funcionamiento, es conocida como la comunidad para los mayores, pues los jóvenes menores de 25 o 30 años prefieren consumir el contenido de Instagram o Twitter.

YouTube ofrece solo videos de alta calidad de cualquier tipo de contenido, como videos demúsica, documentales, podcast en audiovideo, y mucho más, con un impacto a nivel mundial, de referencia y preferencia para todos los usuarios de la red, sin importar la edad. El contenido en esta plataforma puede convertirse viral de manera rápida si es un contenido de alta calidad, sobre todo, si es algo poco usual, novedoso o divertido.

CPSIA information can be obtained
at www.ICGtesting.com
Printed in the USA
BVHW061412200120
569972BV00012B/256/J